Impressum
Verlag: BABADADA GmbH, Nedderfeld 112 , 22529 Hamburg
Geschäftsführer / Verlagsleitung: Harald Hof
Druck: Books on Demand GmbH, In de Tarpen 42, 22848 Norderstedt

Imprint
Publisher: BABADADA GmbH, Nedderfeld 112 , 22529 Hamburg, Germany
Managing Director / Publishing direction: Harald Hof
Print: Books on Demand GmbH, In de Tarpen 42, 22848 Norderstedt, Germany

学校
škola

除
deliti

黑板
ploča

教室
učiona

校园
školsko dvorište

老师
nastavnik

纸
papir

钢笔
hemijska olovka

办公桌
pisaći stol

书写
pisati

直尺
lenjir

书
knjiga

学生
učenik

书包

torba

铅笔盒

pernica

铅笔

grafitna olovka

卷笔刀

šiljilo za olovke

橡皮擦

gumica za brisanje

画板

blok za crtanje

图画
crtež

画笔
kist

颜料盒
kutija sa bojama

剪刀
makaze

胶水
lepilo

练习册
beležnica

家庭作业
domaći zadatak

12

数字
broj

2+2

加
sabirati

5-2

减
oduzimati

2×2

乘
množiti

计算
računati

A

字母
slovo

ABCDEFG
HIJKLMN
OPQRSTU
VWXYZ

字母表
abeceda

字
reč

课文

tekst

读

čitati

粉笔

kreda

上课

čas

登记

dnevnik

考试

ispit

证书

svedočanstvo

校服

školska uniforma

教育

obrazovanje

百科全书

leksikon

大学

univerzitet

显微镜

mikroskop

地图

karta

废纸筐

košara za papir

青年旅社
prenoćište

酒店
hotel

外币兑换处
menjačnica

手提箱
kofer

汽车
auto

语言

jezik

是/否

da / ne

好的

okej

您好

zdravo

翻译员

prevodilac

谢谢

hvala

……多少钱？

Koliko košta...?

我不明白

ne razumem

问题

problem

晚上好！

dobro veče!

早上好！

Dobro jutro!

晚安！

Laku noć!

再见

doviđenja

方向

smer

行李

prtljaga

包

torba

双肩包

ruksak

客人

gost

房间

soba

睡袋

vreća za spavanje

帐篷

šator

旅游信息

turističke informacije

海滩

plaža

信用卡

kreditna kartica

早餐

doručak

午餐

ručak

晚餐

večera

票

karta za vožnju

电梯

lift

邮票

poštanska markica

边界

granica

海关

carina

大使馆

ambasada

签证

viza

护照

pasoš

飞机
avion

船
brod

消防车
vatrogasno vozilo

公交车
autobus

卡车
teretno vozilo

汽艇
motorni čamac

自行车
bicikl

汽车
auto

摆渡船

trajekt

小船

čamac

摩托车

motocikl

警车

policijski auto

赛车

trkaći auto

租车

iznajmljeno auto

拼车

delenje automobila

拖车

vučno vozilo

垃圾车

vozilo za odvoz smeća

发动机

motor

汽油

benzin

加油站

benzinska stanica

交通标志

saobraćajni znak

交通

saobraćaj

交通堵塞

zastoj

停车场

parkiralište

火车站

železnička stanica

轨道

šine

火车

voz

电车

tramvaj

货车

vagon

直升机

helikopter

机场

aerodrom

塔

kula

乘客

putnik

集装箱

kontejner

纸板箱

karton

手推车

kolica

篮子

korpa

起飞/降落

uzleteti / sleteti

城市

grad

村庄

selo

市中心

centar grada

房子

kuća

电影院
kino

广告
reklama

路灯
ulična svetiljka

街道
ulica

出租车
taksi

小吃店
kiosk

CINEMA

行人
pešak

人行道
trotoar

十字路口
raskrsnica

斑马线
pešački prelaz

垃圾箱
kontejner za otpad

红绿灯
semafor

小屋

koliba

公寓

stan

火车站

železnička stanica

市政厅

većnica

博物馆

muzej

学校

škola

大学

univerzitet

银行

banka

医院

bolnica

酒店

hotel

药房

apoteka

办公室

kancelarija

书店

knjižara

商店

prodavnica

花店

cvećara

超市

supermarket

市场

trg

百货商店

robna kuća

鱼店

ribarnica

购物中心

trgovački centar

海港

luka

城市 - grad

公园

park

长凳

klupa

桥

most

楼梯

stepenice

地铁

podzemna železnica

隧道

tunel

公交车站

autobuska stanica

酒吧

bar

餐馆

restoran

邮筒

poštansko sanduče

路标

ulični znak

停车计时器

parkirni automat

动物园

zoološki vrt

游泳馆

bazen

清真寺

džamija

农场
seosko gazdinstvo

污染
zagađenje okoline

墓地
groblje

教堂
crkva

操场
igralište

寺庙
hram

地形

pejsaž

树叶
list

指示牌
putokaz

路
put

草地
livada

石头
kamen

树
drvo

徒步旅行者
šetač

河
reka

草
trava

花
cvijet

峡谷

dolina

山

planina

湖

jezero

森林

šuma

沙漠

pustinja

火山

vulkan

城堡

dvorac

彩虹

duga

蘑菇

gljiva

棕榈树

palma

蚊子

moskito

苍蝇

muva

蚂蚁

mrav

蜜蜂

pčela

蜘蛛

pauk

甲虫
buba

青蛙
žaba

松鼠
veverica

刺猬
jež

野兔
zec

猫头鹰
sova

鸟
ptica

天鹅
labud

野猪
divlja svinja

鹿
jelen

麋鹿
los

水坝
nasip

风力发电机
vetrenjača

太阳能电池板
solarna ploča

气候
klima

服务员
konobar

菜单
jelovnik

椅子
stolica

汤
supa

披萨饼
pica

餐具
pribor za jelo

桌布
stolnjak

前菜
predjelo

主菜
glavno jelo

甜点
desert

饮料
napitci

食物
jelo

瓶子
flaša

快餐

brza hrana

街边小吃

imbis hrana

茶壶

čajnik

糖盒

doza za šećer

一份饭菜

porcija

意式咖啡机

aparat za espresso

高脚椅

visoka stolica

账单

račun

托盘

poslužavnik

刀

nož

餐叉

viljuška

勺子

kašika

茶匙

čajna kašika

餐巾

salveta

玻璃杯

čaša

碟子

tanjir

汤盘

tanjir za supu

碟子

tanjirić

酱

sos

盐瓶

soljenka

胡椒磨

mlin za biber

醋

sirće

食用油

ulje

调味料

začini

番茄酱

kečap

芥末

senf

蛋黄酱

majoneza

特价
ponuda

顾客
kupac

乳制品
mlečni proizvodi

购物车
kolica za kupovinu

水果
voće

肉铺

mesnica

面包房

pekara

称重

vagati

蔬菜

povrće

肉

meso

冷冻食品

smrznuta hrana

冷盘

narezak

罐头食品

konzerve

洗衣粉

sredstvo za pranje

甜食

slatkiši

日用品

artikli za domaćinstvo

清洁用品

sredstva za čišćenje

销售员

prodavačica

收银机

blagajna

收银员

blagajnik

购物清单

lista za kupovinu

开放时间

vreme rada

钱包

novčanik

信用卡

kreditna kartica

袋子

torba

塑料袋

plastična kesa

水

voda

果汁

sok

牛奶

mleko

可乐

kola

红酒

vino

啤酒

pivo

酒

alkohol

可可

kakao

茶

čaj

咖啡

kava

意式浓缩咖啡

espresso

卡布奇诺

cappuccino

香蕉

banana

苹果

jabuka

橙子

narandža

西瓜

lubenica

柠檬

limun

胡萝卜

šargarepa

大蒜

beli luk

竹子

bambus

洋葱

luk

蘑菇

gljiva

坚果

orašasti plodovi

面条

rezanci

意大利面条

špagete

米饭

riža

沙拉

salata

薯条

pomfrit

炸土豆

pečeni krumpir

披萨饼

pica

汉堡包

hamburger

三明治

sendvič

炸猪排

šnicla

火腿

šunka

萨拉米

salama

香肠

kobasica

鸡肉

kokoš

烤肉

pečenje

鱼

riba

燕麦片

zobene pahuljice

穆兹利

musli

玉米片

kukuruzne pahuljice

面粉

brašno

羊角面包

kroasan

面包卷

pecivo

面包

hleb

烤面包

toast

饼干

keksi

黄油

maslac

凝乳

sveži sir

蛋糕

kolač

蛋

jaje

煎蛋

jaje na oko

奶酪

sir

冰激凌

sladoled

糖

šećer

蜂蜜

med

果酱

marmelada

巧克力酱

nugat krema

咖喱饭

kari

农舍
seoska kuća

粮仓
ambar

稻草捆
bale sena

田野
polje

马
konj

拖车
prikolica

马驹
ždrebe

拖拉机
traktor

驴
magarac

羔羊
lane

羊
ovca

山羊

koza

奶牛

krava

牛犊

tele

猪

svinja

小猪

prase

公牛

bik

鹅

guska

鸭

patka

小鸡

pilići

母鸡

kokoš

公鸡

petao

鼠

pacov

猫

mačka

老鼠

miš

牛

vol

狗

pas

狗屋

kućica za psa

花园浇水软管

vrtno crevo

洒水壶

kanta za polivanje

长柄大镰刀

kosa

犁

plug

镰刀

srp

锄头

motika

长柄草耙

viljuška za đubrivo

斧头

sekira

独轮手推车

tačke

饲料槽

korito

牛奶罐

posuda za mleko

麻布袋

vreća

栅栏

ograda

马厩

štala

温室

staklenik

土壤

zemlja

种子

seme

肥料

đubrivo

联合收割机

kombajn

收割

žeti

收割

žetva

山药

jams začin

小麦

pšenica

大豆

soja

土豆

krumpir

玉米

kukuruz

油菜籽

uljana repica

果树

voćka

树薯

gomolj manioke

谷物

žitarice

烟囱
dimnjak

屋顶
krov

落水管
žleb

窗户
prozor

车库
garaža

门铃
zvono

门
vrata

垃圾桶
korpa za otpad

信箱
poštansko sanduče

花园
vrt

客厅
dnevna soba

浴室
kupaonica

厨房
kuhinja

卧室
spavaća soba

儿童房
dečija soba

餐厅
trpezarija

地板

pod

墙壁

zid

吊顶

strop

地窖

podrum

桑拿

sauna

阳台

balkon

露台

terasa

游泳池

bazen

割草机

kosilica za travu

被单

posteljina za krevet

床罩

deka za krevet

床

krevet

扫帚

metla

水桶

kanta

开关

prekidač

壁纸
tapeta

照片
slika

台灯
svetiljka

搁架
regal

橱柜
ormar

壁炉
kamin

电视机
televizija

花
cvijet

垫子
jastuk

沙发
kauč

花瓶
vaza

遥控器
daljinski upravljač

地毯
tepih

窗帘
zavesa

餐桌
sto

椅子
stolica

摇椅
stolica za njihanje

扶手椅
fotelja

书

knjiga

毯子

deka

装饰品

dekoracija

木柴

drvo za ogrev

电影

film

高保真音响

hi-fi uređaj

钥匙

ključ

报纸

novine

油画

slika na platnu

海报

poster

收音机

radio

笔记本

blok za pisanje

吸尘器

usisivač

仙人掌

kaktus

蜡烛

sveća

冰箱
frižider

微波炉
mikrotalasna rerna

厨房秤
kuhinjska vaga

烤面包机
toaster

洗洁精
sredstvo za čišćenje

烤箱
rerna

冰柜
pretinac za zamrzavanje

垃圾桶
korpa za otpad

洗碗机
mašina za pranje suđa

炊具

šporet

锅

lonac

铸铁锅

gvozdeni lonac

炒锅

wok / kadai

平底锅

tava

水壶

kuvalo za vodu

蒸锅

kuvalo na paru

烤盘

lim za pečenje

陶瓷锅

posuđe

马克杯

čaša

碗

posuda

筷子

štapići za jelo

长柄勺

kutlača

铲子

lopatica

搅拌器

penjača

滤网

sito za kuvanje

筛子

sito

磨碎机

ribež

研钵

mužar

烧烤

roštilj

明火

ognjište

菜板

daska

擀面杖

oklagija

开瓶器

vadičep

罐子

konzerva

开罐器

otvarač konzervi

隔热手套

krpa za lonac

水槽

sudoper

刷子

četka

海绵

sunđer

搅拌机

mikser

冷藏箱

zamrzivač

奶瓶

flašica za bebe

水龙头

slavina za vodu

供暖设备
grejanje

毛巾
peškir

泡沫浴
penušava kupka

淋浴
tuš

浴帘
zavesa za tuš

浴缸
kada

玻璃杯
čaša

洗衣机
mašina za pranje veša

水龙头
slavina za vodu

瓷砖
pločice

便壶
tuta

水槽
sudoper

厕所
toalet

蹲便器
čučavac

坐浴器
bidet

小便池
pisoar

厕纸
toaletni papir

马桶刷
četka za toalet

牙刷

četkica za zube

牙膏

pasta za zube

牙线

konac za zube

洗

prati

手持式喷淋头

tuš ručica

冲洗器

tuš za pranje intimnih delova

洗脸盆

lavor

擦背刷

četka za pranje leđa

肥皂

sapun

沐浴露

gel za tuširanje

洗发水

šampon

法兰绒

krpa za pranje

排水

odvod

乳霜

krema

除臭剂

dezodorans

镜子
ogledalo

手镜
kozmetičko ogledalo

剃须刀
brijač

剃须泡沫
pena za brijanje

须后水
losion za posle brijanja

梳子
češalj

刷子
četka

吹风机
fen za kosu

喷发定型剂
sprej za kosu

化妆品
makeup

唇膏
ruž za usne

指甲油
lak za nokte

化妆棉
vata

指甲剪
makaze za nokte

香水
parfem

洗漱包

kozmetička torbica

凳子

stolica

计重秤

vaga

浴袍

ogrtač

橡胶手套

rukavice za čišćenje

卫生棉条

tampon

卫生巾

uložak

化学厕所

hemijski toalet

闹钟
budilnik

毛绒玩具
plišana igračka

玩具车
auto igračka

玩具屋
kućica za lutke

礼物
poklon

拨浪鼓
zvečka

气球

balon

床

krevet

（洋娃娃用）婴儿车

dječija kolica

扑克牌

igra s kartama

拼图

slagalica

漫画

strip

乐高积木

lego kockice

积木玩具

kockice za slaganje

玩具人

akcioni junak

婴儿服

benkica za bebe

飞盘

frizbi

床铃玩具

viseće igračke

棋盘游戏

društvene igre

骰子

kocka

火车模型

minijaturna željeznica

安抚奶嘴

duda

聚会

zabava

绘本

slikovnica

球

lopta

洋娃娃

lutka

玩

igrati

沙坑

pješčanik

秋千

ljuljačka

玩具

igračka

游戏机

konzola za igre

三轮车

tricikl

泰迪熊

tedi

衣柜

ormar

衣服
odeća

袜子

kratke čarape

长袜

čarape

紧身裤

hulahopke

围巾
šal

雨伞
kišobran

T恤
majica

皮带
kaiš

靴子
čizme

拖鞋
papuče

运动鞋
patike

凉鞋
sandale

鞋
cipele

雨靴
gumene čizme

内裤
gaćice

胸罩
grudnjak

背心
potkošulja

衣服 - odeća

身体

bodi

裤子

pantalone

牛仔裤

farmerke

短裙

suknja

女式衬衫

bluza

衬衫

košulja

套头衫

džemper

卫衣

džemper s kapuljačom

西装夹克

sako

夹克

jakna

外套

kaput

雨衣

kabanica

套装

kostim

连衣裙

haljina

婚纱

venčanica

西装

odelo

睡袍

spavaćica

睡衣

pidžama

莎丽

sari

头巾

marama za glavu

包头巾

turban

波卡

burka

卡夫坦

kaftan

(阿拉伯式)长袍长袍

abaja

泳衣

kupaći kostim

男式泳裤

kupaće gaćice

短裤

kratke pantalone

运动服

odeća za trening

围裙

kecelja

手套

rukavice

纽扣

dugme

眼镜

naočare

手链

narukvica

项链

ogrlica

戒指

prsten

耳环

naušnica

便帽

kapa

衣架

vešalica

帽子

šešir

领带

kravata

拉链

patent zatvarač

头盔

kaciga

背带

naramenice

校服

školska uniforma

制服

uniforma

围兜
podbradak

安抚奶嘴
duda

尿不湿
pelena

服务器
server

文件柜
ormar za spise

打印机
štampač

纸
papir

显示屏
monitor

办公桌
pisaći stol

鼠标
miš

文件夹
mapa

键盘
tastatura

废纸篓
košara za papir

电脑
kompjuter

椅子
stolica

咖啡杯
šalica za kavu

计算器
kalkulator

因特网
internet

笔记本电脑

laptop

信件

pismo

消息

poruka

手机

mobilni telefon

网络

mreža

复印机

uređaj za kopiranje

软件

softver

电话

telefon

插座

utičnica

传真机

faks

表格

formular

文件

dokument

买

kupovati

付钱

platiti

交易

trgovati

现金

novac

美元

dolar

欧元

evro

日元

jen

卢布

rublja

瑞士法郎

švajcarski franak

人民币

renmindbi juan

卢比

rupija

提款处

automat za novac

外币兑换处

menjačnica

金

zlato

银

srebro

石油

nafta

能源

energija

价格

cena

合同

ugovor

税金

porez

股票

deonica

工作

raditi

职员

službenik

老板

poslodavac

工厂

fabrika

商店

prodavnica

zanimanja

警官
policajac

消防员
vatrogasac

厨师
kuvar

医生
lekar

飞行员
pilot

园丁

vrtlar

木匠

stolar

裁缝

krojačica

法官

sudija

化学家

hemičar

演员

glumac

公交车司机

vozač autobusa

出租车司机

vozač taksija

渔夫

ribar

清洁女工

čistačica

屋顶工

krovopokrivač

服务员

konobar

猎人

lovac

画家

slikar

面包师

pekar

电工

električar

建筑工人

građevinski radnik

工程师

inženjer

屠夫

mesar

水管工

limar

邮递员

poštar

士兵
vojnik

建筑师
arhitekta

收银员
blagajnik

花农
cvećar

理发师
frizer

售票员
kondukter

机械师
mehaničar

船长
kapetan

牙医
zubar

科学家
naučnik

拉比
rabi

伊玛目
imam

和尚
monah

牧师
svećenik

铁锤
čekić

钳子
klešta

螺丝刀
odvijač

扳手
ključ za zavrtnje

手电筒
džepna lampa

挖掘机

bager

工具箱

kutija za alat

梯子

merdevine

锯子

pila

钉子

ekser

钻机

bušilica

修
popraviti

铲子
lopata

靠！
do đavola!

簸箕
lopatica

油漆桶
lonac za boju

螺丝
zavrtanji

乐器
muzički instrument

扬声器
zvučnik

打击乐器
bubnjevi

吉他
gitara

低音提琴
kontrabas

小号
truba

钢琴

klavir

小提琴

violina

贝斯

bas

定音鼓

timpani

鼓

udaraljke za bubnjeve

电子琴

tipke klavira

萨克斯管

saksofon

长笛

flauta

麦克风

mikrofon

老虎
tigar

入口
ulaz

笼子
kavez

斑马
zebra

动物饲料
hrana za životinje

熊猫
panda

动物
životinje

大象
slon

袋鼠
kengur

犀牛
nosorog

大猩猩
gorila

熊
medved

骆驼

kamila

鸵鸟

noj

狮子

lav

猴子

majmun

火烈鸟

flamingo

鹦鹉

papagaj

北极熊

polarni medved

企鹅

pingvin

鲨鱼

ajkula

孔雀

paun

蛇

zmija

鳄鱼

krokodil

动物园管理员

čuvar u zoološkom vrtu

海豹

tuljan

美洲豹

jaguar

矮种马

poni

豹

leopard

河马

nilski konj

长颈鹿

žirafa

老鹰

orao

野猪

divlja svinja

鱼

riba

龟

kornjača

海象

morž

狐狸

lisica

羚羊

gazela

橄榄球
američki nogomet

骑自行车
biciklizam

网球
tenis

篮球
košarka

游泳
plivanje

拳击
boks

冰球
hokej na ledu

英式足球
fudbal

羽毛球
badminton

田径
atletika

手球
rukomet

滑雪
skijanje

马球
polo

跳
skočiti

拥抱
zagrliti

笑
smejati se

走路
ići

唱
pevati

祈祷
moliti se

亲吻
poljubiti

做梦
sanjati

书写
pisati

画
crtati

展示
pokazati

推
gurati

给
dati

拿
uzeti

有
imati

做
činiti

当
biti

站
stojati

跑
trčati

拉
povlačiti

扔
baciti

摔倒
padati

躺
ležati

等待
čekati

携带
nositi

坐
sediti

穿衣
oblačiti

睡觉
spavati

醒来
probuditi se

看

gledati

哭

plakati

抚摸

milovati

梳头

češljati

交谈

govoriti

明白

razumeti

问

pitati

听

slušati

喝

piti

吃

jesti

清理

pospremiti

爱

voleti

做饭

kuhati

开车

voziti

飞

leteti

航行

ploviti

计算

računati

读

čitati

学习

učiti

工作

raditi

结婚

venčati se

缝

šiti

刷牙

prati zube

杀

ubiti

抽烟

pušiti

寄

poslati

祖母
baka

婴童
beba

祖父
deda

母亲
majka

父亲
otac

女儿
kćerka

儿子
sin

客人
gost

阿姨
tetka

叔叔
ujak, stric

兄弟
brat

姐妹
sestra

身体 - telo 图示

前额
čelo

眼睛
oko

脸
lice

下巴
brada

乳房
grudi

手指
prst

手
ruka

手臂
ruka

肩膀
rame

腿
noga

婴童
beba

男人
muškarac

女人
žena

女孩
devojčica

男孩
dečak

头
glava

背部

leđa

肚子

stomak

肚脐

pupak

脚趾

nožni prst

脚后跟

peta

骨头

kost

臀部

kukovi

膝盖

koleno

手肘

lakat

鼻子

nos

屁股

zadnjica

皮肤

koža

脸颊

obraz

耳朵

uvo

嘴唇

usna

身体 - telo

嘴
usta

牙齿
zub

舌头
jezik

脑
mozak

心脏
srce

肌肉
mišić

肺
pluća

肝脏
jetra

胃
želudac

肾脏
bubrezi

性交
polni odnos

避孕套
kondom

卵子
jajna ćelija

精子
sperma

怀孕
trudnoća

月经

menstruacija

阴道

vagina

阴茎

penis

眉毛

obrva

头发

kosa

脖子

vrat

医院
bolnica

救护车
bolníčko vozilo

轮椅
invalidska kolica

骨折
lom

医生
lekar

急诊室
hitna medicinska služba

护士
medicinska sestra

紧急情况
hitni slučaj

昏迷
nesvest

痛
bol

受伤

povreda

出血

krvarenje

心脏病发作

srčani udar

中风

udar

过敏

alergija

咳嗽

kašalj

发烧

groznica

流感

gripa

腹泻

proliv

头痛

glavobolja

癌症

rak

糖尿病

dijabetes

外科医生

hirurg

手术刀

skalpel

手术

operacija

CT

ct

X光

rentgen

超声波

ultrazvuk

口罩

maska

疾病

bolest

候诊室

čekaona

拐杖

štaka

石膏

flaster

绷带

zavoj

注射

injekcija

听诊器

stetoskop

担架

nosila

体温计

termometar

出生

rođenje

超重

prekomerna težina

助听器

slušni aparat

消毒液

sredstvo za dezinfekciju

感染

infekcija

病毒

virus

艾滋病

HIV / AIDS

药物

medicina

接种疫苗

vakcinacija

药片

tablete

药丸

pilula

急救电话

hitni poziv

血压计

uređaj za merenje pritiska

生病/健康

bolesno / zdravo

救命！

pomoć!

警报

alarm

突击

nasrtaj

攻击

napad

危险

opasnost

紧急出口

izlaz u slučaju nužde

着火啦！

požar!

灭火器

protivpožarni aparat

意外

nezgoda

急救箱

kutija prve pomoći

呼救信号

sos

警察

policija

欧洲

Evropa

北美洲

Severna Amerika

南美洲

Južna Amerika

非洲

Afrika

亚洲

Azija

澳洲

Australija

大西洋

Atlantik

太平洋

Pacifik

印度洋

Indijski okean

南冰洋

Antarktički okean

北冰洋

Arktički ocean

北极

Severni pol

南极
Južni pol

南极洲
Antarktik

地球
zemlja

陆地
zemlja

海
more

岛
otok

国家
nacija

国家
država

钟面

brojčanik sata

时针

satna kazaljka

分针

minutna kazaljka

秒针

sekundna kazaljka

现在几点？

Koliko je sati?

天

dan

时间

vreme

现在

sada

电子表

digitalni sat

分

minuta

时

čas

周

sedmica

周一 ponedeljak
周二 utorak
周三 sreda
周四 četvrtak
周五 petak
周六 subota
周日 nedelja

昨天
....
juče

今天
....
danas

明天
....
sutra

早晨
....
jutro

中午
....
podne

晚上
....
veče

MO	TU	WE	TH	FR	SA	SU
1	2	3	4	5	6	7
8	9	10	11	12	13	14
15	16	17	18	19	20	21
22	23	24	25	26	27	28
29	30	31	1	2	3	4

工作日
....
radni dani

MO	TU	WE	TH	FR	SA	SU
1	2	3	4	5	6	7
8	9	10	11	12	13	14
15	16	17	18	19	20	21
22	23	24	25	26	27	28
29	30	31	1	2	3	4

周末
....
vikend

雨
kiša

彩虹
duga

风
vetar

雪
sneg

春
proleće

秋
jesen

夏
leto

冬
zima

天气预报

meteorološka prognoza

温度计

termometar

阳光

sunčana svetlost

云

oblak

雾

magla

潮湿

vlažnost vazduha

闪电

munja

打雷

grmljavina

风暴

oluja

冰雹

tuča

季风

monsun

洪水

poplava

冰

led

一月

januar

二月

februar

三月

mart

四月

april

五月

maj

六月

juni

七月

juli

八月

avgust

九月
....
septembar

十月
....
oktobar

十一月
....
novembar

十二月
....
decembar

形状

oblici

圆形
....
krug

正方形
....
kvadrat

长方形
....
pravougao

三角形
....
trougao

球体
....
kugla

立方体
....
kocka

白

bela

黄

žuta

橙

narandžasta

粉

ružičasta

红

crvena

紫

ljubičasta

蓝

plava

绿

zelena

棕

smeđa

灰

siva

黑

crna

很多/少许

mnogo / malo

生气/平静

ljutito / mirno

美/丑

lepo / ružno

首/尾

početak / kraj

大/小

veliko / maleno

明/暗

svetlo / tamno

兄弟/姐妹

brat / sestra

干净/肮脏

čisto / prljavo

完整/缺失

potpuno / nepotpuno

白天/晚上

dan / noć

死/生

mrtvo / živo

宽/窄

široko / usko

可食用/非食用

jestivo / nejestivo

邪恶/善良

zlo / dobro

兴奋/无聊

uzbuđeno / dosadno

胖/瘦

debelo / mršavo

第一/最后

na početku / na kraju

朋友/敌人

prijatelj / neprijatelj

满/空

puno / prazno

硬/软

tvrdo / mekano

重/轻

teško / lagano

饿/渴

glad / žeđ

生病/健康

bolesno / zdravo

非法/合法

ilegalno / legalno

聪明/愚笨

pametno / glupo

左/右

levo / desno

近/远

blizu / daleko

新/旧

novo / polovno

没有/有些

ništa / nešto

老/幼

staro / mlado

开/关

uključeno / isključeno

打开/合上

otvoreno / zatvoreno

安静/吵闹

tiho / glasno

富/穷

bogato / siromašno

对/错

tačno / pogrešno

粗糙/光滑

hrapavo / glatko

伤心/高兴

tužno / sretno

短/长

kratko / dugo

慢/快

polako / brzo

湿/干

mokro / suho

温暖/凉爽

toplo / hladno

战争/和平

rat / mir

反义词 - suprotnosti

0

零

nula

1

一

jedan

2

二

dva

3

三

tri

4

四

četiri

5

五

pet

6

六

šest

7

七

sedam

8

八

osam

9

九

devet

10

十

deset

11

十一

jedanaest

12

十二

dvanaest

13

十三

trinaest

14

十四

četrnaest

15

十五

petnaest

16

十六

šestnaest

17

十七

sedamnaest

18

十八

osamnaest

19

十九

devetnaest

20

二十

dvadeset

100

百

stotinu

1.000

千

hiljadu

1.000.000

百万

milion

英语

engleski

美式英语

američki engleski

普通话

mandarinski kineski

印地语

hindski

西班牙语

španski

法语

francuski

阿拉伯语

arapski

俄语

ruski

葡萄牙语

portugalski

孟加拉语

bengalski

德语

nemački

日语

japanski

我

ja

你

ti

他/她/它

on / ona / ono

我们

mi

你们

vi

他们

oni

谁？

Ko?

什么？

Šta?

怎样？

Kako?

哪里？

Gde?

什么时候？

Kada?

名字

ime

后面

iza

里面

u

前面

ispred

上方

preko

上面

na

下面

ispod

旁边

pored

中间

između

地点

mesto